Welcome to Japan!

中学英語で話そう 日本の文化

1 はじめまして！ 日本へようこそ

大門久美子［編著］

汐文社

もくじ

この本の使い方

● 「キーフレーズ」は、そのページのいちばん重要な表現。ぜひ中学生に覚えてほしいものを選びました。

● すぐに使える単語や表現を紹介しています。

● 4人の中学生と、日本文化にくわしい猫のブチの会話で、日本の生活や文化を紹介する表現を学びましょう。

メニューを暗記してる!?

給食

Now it's time for school lunch!
給食の時間だ!

I'm so hungry!
超ペコペコ!

What's today's menu?
今日は何かな?

Udon with beef.
肉うどんだよ。

Did you check the menu?
献立表を見たの?

No. I memorized the whole month's menu!
ちがうよ。1か月分、全部、暗記してるんだよ!

34

給食について説明しよう!

School lunches are very well-balanced.
学校給食は、栄養のバランスが取れています。

It's my turn to serve school lunches this week.
今週は私が給食当番です。

What's your favorite school lunch?
給食で好きなものは何ですか?

Some local dishes are served at school lunch.
郷土料理が給食に取り入れられています。

school lunch
給食

school lunch duty
給食当番

dietician
栄養士

35

*英語は世界中で使われていて、国や地域によって表現や発音がちがうことがあります。この本で紹介する表現や発音は、アメリカで使われている英語を基本にしています。

● おおむね中学3年生時点で学習していないと考えられる語には、参考としてカタカナで発音を表示しています。ブルーの文字のところを強く読むと英語らしくきこえます。

この本の登場人物

Buchi
ブチ
日本文化にだれよりもくわしい。
実は何百年も前から生きている!?

Ryu
リュウ
中学2年生。最近うれしかったのはアイドルに会えたこと。

Sai
サイ
インド出身。食べることが大好き。

Sakura
サクラ
中学2年生。
スポーツならなんでも得意。

Lily
リリィ
アメリカ出身。
行ってみたい場所は原宿。

はじめまして、私の名前は…

自己紹介する

 Nice to meet you.
はじめまして。

 Nice to meet you too.
はじめまして。

My name is Sakura.
私の名前はサクラです。

My name is Lily.
リリィ
Does "Sakura" mean
"cherry blossom?"
私の名前はリリィです。「サク
ラ」って、「桜」のこと？

 Yes! You know well!
そう！　よく知っているね！

 I love the cherry blossoms in
Japan.
Lily is the name of a flower.
日本の桜が大好きなの。リリィも花の名前なの。

 We both have flower names!
私たち「花つながり」だね！

Nice to meet you. の代わりに…

- Glad to meet you.

- Good to meet you.

- Great to meet you.

My name is ... の代わりに…

- I'm ...
  例——I'm Hachi. / I'm Buchi.

- Could you tell me your name?
  お名前を教えてください。

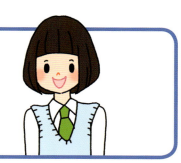

腕を怪我していても元気!?

いつものあいさつ

 Hello. **How are you?**

こんにちは。元気?

 I'm fine, thank you. And you?

元気よ。サクラは?

 I'm fine too, thank you.

元気よ、ありがとう。

 But your arm is in a sling!

でも、腕を吊ってるじゃない！

Actually, I'm not really well, but I just said that without thinking!

実は元気じゃないんだけど、反射的にそう言っちゃった！

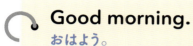

覚えておこう！

Good morning.
おはよう。

Good afternoon.
こんにちは。

Good evening.
こんばんは。

Good night.
おやすみなさい。

親しい友だちに会ったら…

What's up?
どうしてる？

Everything is OK.
元気でやっているよ。

インドはインドでも…!?

出身を聞く

 Where are you from?
どこから来たの？

 I'm from India.
インドだよ。

 I've been to India!
インドに行ったことがあるよ！

 Really?
本当？

 "Little India" in Tokyo!
都内の「リトル・インディア」だけどね！

 There're many Indian people in Nishikasai so we call it that!
西葛西はインド人が多くて、そんなふうに呼ばれておるんじゃ！

08

おもな世界の地域と国

 the US
アメリカ合衆国（米国）

 China
中国（中華人民共和国）

 Taiwan
台湾

 Singapore
シンガポール

 Thailand
タイ

 Canada
カナダ

 Spain
スペイン

 Sweden
スウェーデン

 Germany
ドイツ

 South Africa
南アフリカ

 India
インド

 South Korea
韓国

 Hong Kong
香港

 the Philippines
フィリピン

 Australia
オーストラリア

 **the UK**
イギリス

 Italy
イタリア

 France
フランス

 Brazil
ブラジル

 Russia
ロシア

ありがとう、ごめんね

お礼とおわび

 Can I use your pencil?
鉛筆、貸してくれる？

 Sure!
もちろん！

 Thank you.
ありがとう。

You're welcome.
どういたしまして。

 Can I use your eraser?
消しゴム、貸してくれる？

 OK.
OK。

 Could you let me see your textbook?
教科書を見せてくれる？

 My textbook? What's going on?
教科書？ どうしたの？

 Sorry! I forgot to bring my school bag!
ごめん！ かばんを忘れてきたみたい！

10

Thank you.の代わりに…

- Thanks.

- Thanks a lot.

- <ruby>I appreciate it.<rt>アプリーシエイト</rt></ruby>
  *かしこまった言い方

I'm sorry.の代わりに…

- Sorry.

- <ruby>I apologize to you.<rt>アパロヂャイズ</rt></ruby>
  *かしこまった言い方

また明日!

別れのあいさつ

 I have to go now.

そろそろ行かなきゃ。

 See you tomorrow. キーフレーズ

じゃあ、また、明日。

 Where's Ryu going?

リュウはどこに行ったの?

 He's going to the <ruby>brass<rt>ブ ラ ス</rt></ruby> band club.

<ruby>吹奏楽部<rt>すいそうがくぶ</rt></ruby>。

 He has forgotten his <ruby>clarinet<rt>ク ラ リ ネ ット</rt></ruby>!

クラリネットを忘れてる!

 Ryu! Wait!

リュウ! 待って!

 Be quiet!

静かに!

Good-bye.
さよなら。

See you later.
また、あとで。

Take care.
気をつけてね。

しばらく会わない友だちに言ってみよう！

See you next month.
じゃあ、来月ね。

Have a nice trip.
旅行を楽しんできてね。

Let's keep in touch.
お互_{たが}いに連絡_{れんらく}しようね。

13

そうなの？ ホント？

あいづち

I'm so sleepy.
とっても眠いわ。

Me too. Yawn.
ぼくもなんだ。ふわーっ。

Why are you so sleepy, Lily?
リリィは、どうして眠いの？

Because I was reading a book until late last night.
遅くまで本を読んでたから。

Is that so? How about you, Sai?
そうなの？ サイは？

Did you play the new RPG?
新しいRPGをしてたんだろ？

Yes, but how did you know?
そうだけど、どうしてわかったの？

I did it too!
ぼくも同じだから！

Really? Let's play it together today!
ホント？ これから一緒にやろうよ！

Wow!
わー！

 Cool!
かっこいい！

 How nice!
いいなあ！

 How exciting!
ドキドキする！

 I think so too.
私もそう思う。

 That's a good idea.
いい考えだね。

好きな教科は何？

学校の教科

 Which subject do you like best?

キーフレーズ

みんなは何の教科が一番、好きかな？

 Japanese. *Kanji* is so interesting!

国語。漢字がとっても面白い！

 World geography. I'd like to travel all over the world.
ディアグラフィ

ぼくは世界地理。世界中を旅したいな。

 English. I'd like to be an interpreter.
インタープリタァ

私は英語。将来、通訳になりたいな。

 Home economics. I love eating!
イーコナミクス

ぼくは技術・家庭。食べるのが大好き！

さまざまな教科

Japanese
国語

math
数学

science
理科

ソウシャル
social studies
社会

English
英語

music
音楽

art
美術

フィズィカル
health and physical
エヂュケイション
education
保健体育

home economics
技術・家庭

美術室に行こう

学校の施設

 What's our next class?
次の授業は何だっけ？

 Art. We'll go to the art room today.
美術だよ。今日は美術室に行くよ。

 Ryu, you forgot to bring your paint box, didn't you?
リュウは、絵の具セットを忘れてたりして？

 No! I didn't forget it!
まさか！ 忘れてないよ！

 He never forgets it because the art teacher is so beautiful!
忘れるはずないよ！ 美術の先生がとっても美人だから。

学校の施設

classroom
教室

science room
理科室

music room
音楽室

school gym
体育館

playground
運動場

library
図書室

オーディオウヴィジュアル
audiovisual room
し ちょうかくしつ
視 聴 覚室

computer room
コンピュータ室

teachers' room
職員室

中学2年生だったのはいつ?

学校制度

We're second-year students in junior high school in Japan, right? キーフレーズ

私たちは、日本では中学2年生になるんだよね?

Yes! Is the system ˢⁱˢᵗᵉᵐ different from the US?

そうだよ! アメリカはちがうの?

We're eighth graders. ᵍʳᵉⁱᵈᵃˢ
We add on grades ᵍʳᵉⁱˢ
from elementary school. ᵉˡᵉᵐᵉⁿᵗᵃʳⁱ

8年生になるんだ。小学校から数えるの。

When were you a second-year student, Buchi?

ブチはいつ中学2年生だったの?

Well, let's say I've been your senior for a long time!

そうじゃな、ずっとずっと先輩と言うておこうかな!

中学2年生
Second-year
Student in
junior high school

8年生
Eighth grader

日本の学校

キ ン ダ ー ガ ー ト ゥ ン
kindergarten
幼稚園

ナ ー サ リ ィ
nursery school
保育園

elementary school
小学校

junior high school
中学校

high school
高校

テ ク ニ カ ル
technical school
専門学校

technical college
高等専門学校

university
大学

グ ラ ヂュエイト
graduate school
大学院

4月に入学式があるよ

入学式と卒業式

 In Japan, we have the entrance ceremony in April.
エントゥランス セ レ モウ ニィ

日本では、4月に入学式があるよ。

 Do you do anything special?

何か特別なことをするの？

 The school brass band club plays to welcome new students!
ブ ラ ス

吹奏楽部が演奏して新入生を歓迎するんだ！

 What kind of musical pieces do they play?

何の曲を演奏するの？

 "The Great Cat March".

「猫の大行進曲」。

 I haven't heard of it.

聞いたことがないなあ。

 I composed it!
コ ン ポウ ズ ド

わしが作った曲じゃ！

入学式と卒業式

entrance ceremony
入学式

national flag（ナショナル フラッグ）
国旗

school flag
校旗

new student
新入生

graduation ceremony（グラヂュエイション）
卒業式

seats for special visitors
来賓席（らいひんせき）

yearbook（イアブク）
卒業アルバム

graduate（グラヂュエイト）
卒業生

diploma（ディプロウマ）
卒業証書

障害物競走をカイゼン？

運動会

 Our student council has been trying to improve some events for sports day.

カ ウ ン ス ル
イ ン プ ル ー ヴ

生徒会が運動会の種目を

改善しようとしてるよ。

 Some are boring.

ボ ー リ ン（グ）

マンネリだものね。

 I have a good idea for an obstacle race.

キーフレーズ

ア ブ ス タ ク ル

障害物競走のアイデアがあるよ。

 What's that?

何？

 All obstacles will be food!

障害物をすべて食べ物にすること！

🐱 You love food, right?

食べ物が大好きなんじゃのう。

いろいろな種目

リーレイ
relay
リレー

タッグ
tug-of-war
綱引き

three-legged race
二人三脚

カンペティション
cheering competition
応援合戦

センタピード
centipede race
ムカデ競走

ビーンバグトス
beanbag toss
玉入れ

マック　キャヴァルリィ　バトゥル
mock cavalry battle
騎馬戦

ロウル
big ball roll race
大玉転がし

ポウル
pole pulling race
棒引き

文化祭はもうすぐ！

学校の行事

 The school festival is just around the corner. キーフレーズ

文化祭はもうすぐだね。

 I have to go to the calligraphy
カ リ グ ラ フ ィ
club. I have to
prepare for the
プ リ ペ ア
exhibition.
エ ク ス ィ ビ シ ョ ン

書道部に行かなきゃ。展示

の準備をするの。

Lily, can you write *kanji* and *hiragana*?

リリィは、漢字やひらがなが書けるの？

 No I can't. I'll just draw Buchi's
face with an ink brush!

書けないよ。筆でブチの絵を描くんだ！
か

 Sounds interesting!

おもしろそう！

When is the school festival?
文化祭はいつですか?

It's on the 18th of September.
9月18日です。

What do you do at the school festival?
文化祭では何をしますか。

We have a concert.
カンサート
演奏会をします。

いろいろな行事

field trip
校外学習

work experience
職場体験

school trip
修学旅行

自由研究、一緒にやらない？

夏休みと冬休み

I haven't done my summer assignment yet!
アサインメント

キーフレーズ

まだ夏休みの自由研究ができていない！

Really? Me neither!
ニーザァ

ホント？　ぼくも！

Why don't we do it together?

一緒にやらない？

Sure! What will we do?

いいよ！　何にする？

I've got it! How about researching mascots?
マスカツ

いいこと、思いついた！　ゆるキャラの研究はどう？

What a good idea! We can use Buchi!

それ、いいね！　ブチが使える！

夏休みに何をする?

camping
キャンプ

barbecue
バーベキュー

play at the pool
プール遊び

trip abroad
海外旅行

summer assignment
自由研究

summer course
夏期講習

冬休みに何をする?

winter sports
ウィンタースポーツ

Christmas party
クリスマスパーティー

New Year's shrine visit
初詣

料理部で作ったクッキー

部活動（文化系）

How about a cookie? キーフレーズ

クッキーを食べない？

They look delicious!

おいしそう！

I made them at the cooking club.

料理部で作ったんだ。

I'll have one.

いただきま〜す！

Oh, it's so salty! ソールティ

わー、塩辛い！

Oh! Sorry! I must have used salt instead of sugar! インステッド

わぁ！ ごめん！ 塩と砂糖を間違えた！

文科系の部活動

English conversation club
カンヴァ セイション

英会話クラブ

art club

美術部

フォ タ グ ラ フィ

photography club

写真部

ブ ラ ス

brass band club
すいそうがく ぶ

吹奏楽部

ブ ロードゥキャスティン（グ）

school broadcasting club

放送部

カートゥ ー ン

cartoon club

マンガ研究部

こんな部活動も英語で説明しよう！

ドゥラ ー マ
drama club
演劇部

newspaper club
新聞部

クワイア
choir club
合唱部

flower arrangement club
アレインヂメント
かどうぶ
華道部

セレモウニィ
tea ceremony club
茶道部

チェ ス
Japanese chess club
しょうぎ ぶ
将 棋部

怪我の理由は!?

部活動（スポーツ系）

I'm going to the tennis club.
テニス部に行くね。

キーフレーズ

Didn't you go to the volleyball club yesterday?
昨日はバレー部じゃなかった？

Yes, I did.
うん、そうだよ。

You went to the track and field club the day before yesterday, right?
トゥラック
一昨日は陸上部にいたよね？

Yes, I did. I love sports!
うん、そうだよ。スポーツが大好きなの！

That's why you're always hurting yourself!
だから、よく怪我をしてるのね！

スポーツ系の部活動

baseball club
野球部

swimming club
水泳部

tennis club
テニス部

basketball club
バスケットボール部

volleyball club
バレーボール部

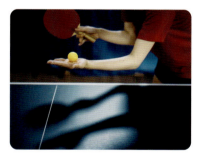

table tennis club
卓球部

soccer club
サッカー部

track and field club
陸上競技部

cheerleading club
チアリーダー部

メニューを暗記してる!?

給食

Now it's time for school lunch!

給食の時間だ！ キーフレーズ

I'm so hungry!
お腹ペコペコ！

What's today's menu?

今日は何かな？

Udon with beef.

肉うどんだよ。

Did you check the menu?

献立表を見たの？

No. I memorized the whole month's menu!

ちがうよ。1か月分、全部、暗記してるんだよ！

給食について説明しよう！

○ **School lunches are very well-balanced.**
バ ラ ン ス ト
学校給食は、栄養のバランスが取れています。

○ **It's my turn to serve school lunches this week.**
今週は私が給食当番です。

○ **What's your favorite school lunch?**
給食で好きなものは何ですか？

○ **Some local dishes are served at school lunch.**
郷土料理が給食に取り入れられています。

school lunch
給食

デューティ
school lunch duty
給食当番

ダイエティシャン
dietician
栄養士

緊張する〜！

気持ちや状態を伝える

 I'm so nervous!
I'll get the result of the
calligraphy contest
today.

緊張する〜！ 今日、書道コンクールの結果が出るんだ。

 I hope you've done well!
いい結果だといいね！

 **If you win a prize, why
don't we go to that
popular pancake shop?**

入賞したら、みんなであの有名なパンケーキのお店に行かない？

 Why not?
いいね！

 **Now and again, you come up
with good ideas!**
たまにはいいこと言うじゃん！

 I guess I do!
まあね！

気持ちや状態を説明しよう！

I'm surprised.
びっくりです。

I'm full.
お腹がいっぱいです。

フ ラ ス トゥレイ ティド
frustrated
いらいらした

エ ン バ ラ ス ト
embarrassed
恥ずかしい

シ ャ ッ ク ト
shocked
ショックを受けた

thirsty
のどが渇いた

tired
疲れた

sleepy
眠い

突き指しちゃったみたい
<ruby>突<rt>つ</rt></ruby>き<ruby>指<rt>ゆび</rt></ruby>しちゃったみたい

体について

 I'm going to the hospital.

これから病院に行ってくる。

 What's wrong?

どこか悪いの？

 I think I sprained my finger while I was practicing at the volleyball club.

バレー部の練習をしていると

きに、突き指したみたい。

 You sprained your ankle last week, right?

先週は足首を<ruby>捻挫<rt>ねんざ</rt></ruby>してたよね？

 As long as I keep doing sports, accidents will happen!

キーフレーズ

スポーツするかぎり、アクシデントはつきものだよ！

 Don't do too much!

ほどほどにね！

体の部位を説明しよう!

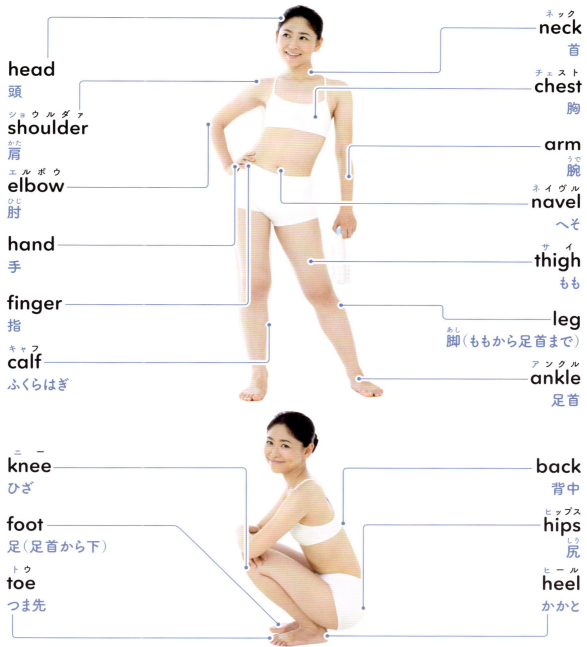

neck
ネック
首

head
頭

chest
チェスト
胸

shoulder
ショウルダァ
肩

arm
アーム
腕

elbow
エルボウ
肘

navel
ネイヴル
へそ

hand
手

thigh
サイ
もも

finger
指

leg
脚（ももから足首まで）

calf
キャフ
ふくらはぎ

ankle
アンクル
足首

knee
ニー
ひざ

back
背中

foot
足（足首から下）

hips
ヒップス
尻

toe
トウ
つま先

heel
ヒール
かかと

39

食べることは生きること！

Lily, your hobby is calligraphy, right?
カリグラフィ

リリィの趣味は書道だよね？

Yes. I practice it every day.

うん。毎日やってるよ。

Wow! Amazing!

えー！ すごい！

Sai, your hobby is eating, right?

サイの趣味は食べることだよね？

Yes! To eat is to live!

そうだよ！ 食べることは生きることなんだ！

Sounds nice but you're just a foodie, aren't you?
フーディ

聞こえはいいけど、単に食いしん坊な
ぼう
だけでしょ？

いろいろな趣味

playing games
ゲーム

reading
読書

サーフィン（グ）
surfing the net
ネットサーフィン

watching movies
えいがかんしょう
映画鑑賞

shopping
ショッピング

travelling
旅行

taking care of pets
ペットの世話

ヂャ ギン（グ）
jogging
ジョギング

listening to music
おんがくかんしょう
音楽鑑賞

家事ロボットにしてほしいこと

家事

 I made a domestic
robot. I hope someone
will use it.

ドメスティク

家事ロボットを作ってみたんじゃが、
誰か、使ってみてくれんかのう。

 I want to use it!

使いたい！

 I hate ironing!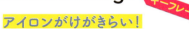

ヘイト

キーフレーズ

アイロンがけがきらい！

 It's hard work taking my
dog for a walk every day!

毎日の犬の散歩は大変！

 Well, could the robot do
the English test for me
tomorrow?

あの、そのロボット、明日の英語の
テストを代わりに受けてくれるかな？

 No way!

無理じゃ！

I help my parents with the chores when I'm on holiday.
チョーアズ
休みの日に、両親の家事の手伝いをします。

I clean the bathroom every Sunday.
ふ ろ ば   そうじ
毎週日曜日に、風呂場の掃除をします。

cooking
料理

washing the dishes
食器洗い

cleaning
掃除

washing the clothes
せんたく
洗濯

ウィーディン（グ）
weeding
草取り

タイディン（グ）
tidying up
片付け

「二時」と「虹」

日本語を教える

 Can you tell me what time it is now in Japanese?
今、何時か、日本語で言ってみて。

 Niji.
二時。

 What about "rainbow?"
じゃあ、「rainbow」は？

 Niji. **Wow! Both have the same pronunciation!**
プロナンスィエイション
虹。あ、同じ発音だ！

 **But the intonation is different.**
イントネイション
でも、イントネーションがちがうんじゃ。

Japanese is so difficult!
日本語って難しい！

キーフレーズ

English is so difficult for me.
ぼくには英語が難しいよ。

同音異義語を説明しよう！

ame あめ

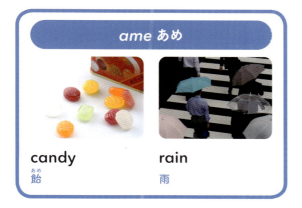

candy
あめ
飴

rain
雨

kami かみ

hair
かみ
髪

paper
紙

kumo くも

cloud
雲

スパイダァ
spider
くも
蜘蛛

tako たこ

カイト
kite
たこ
凧

アクトパス
octopus
たこ
蛸

hashi はし

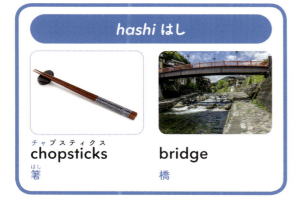

チャプスティクス
chopsticks
はし
箸

bridge
橋

hana はな

flower
花

nose
鼻

ペットのメアリーはどこに!?

家族の紹介

Let me introduce my family. This is my father. This is my mother. I have a brother and sister but they're out just now.

私の家族を紹介するね。父です。母です。弟と妹がいるけど、今、出かけてるんだ。

キーフレーズ

Nice to meet you.
はじめまして。

Nice to meet you too.
はじめまして。

You have a cat called "Mary," right?
サクラの家には、猫のメアリーがいたよね？

Yes. Oh, she's talking to Buchi now!
うん。わぁ、ブチともう話してる！

家族を説明しよう！

mother
母

father
父

me
私

grandmother
祖母

grandfather
祖父

pet
ペット

brother
弟（兄）

sister
妹（姉）

uncle
おじ

aunt
おば

cousin
いとこ

小さいドアの向こうに…

家の中を案内する

 This is my room.

ここが私の部屋。

 Your bed is so cute!

ベッドがかわいいね！

 Whose room is this? The door is small.

これは誰の部屋？　ドアが小さいね。

 This is Mary's room. Mary, <mark>can I come in?</mark>

メアリーの部屋なんだ。メアリー、<mark>入っていい？</mark>

 Wow! Buchi is here too!

わー！　ブチもいるよ。

 Mary and I are enjoying some tea. So don't disturb us.

メアリーと楽しくお茶してるんじゃ。邪魔せんでくれ。

家を説明しよう！

entrance hall
エントゥランス

玄関
げんかん

living room

居間

dining room
ダイニン（グ）

食堂

kitchen

台所

bedroom

寝室
しんしつ

child's room

子ども部屋

toilet
トイレト

トイレ

bathroom

風呂場
ふろば

balcony
バルコニィ

ベランダ

まだ食べたい!?

おやつの時間

 Let's have some tea! **My father is good at making apple pies.**

お茶にしよう! **父は アップルパイ作りが 得意なんだよ。**

 Itadakimasu!

いただきます!

 Yummy!

おいしい!

 Well, can I have these too?

あの、これも食べてもいいで すか?

 I'm sorry. They're for Sakura's brother and sister.

悪いが、サクラの弟と妹の分 なんだ。

いろいろなスイーツ

cream puff
シュークリーム

cookie
クッキー

cake
ケーキ

apple pie
アップルパイ

ice cream
アイスクリーム

doughnut
ドーナツ

crepe
クレープ

jelly
ゼリー

pudding
プリン

ホッチキスは英語じゃない!?

和製英語

 Can I use your *"hochikisu?"*

ホッチキス、貸してくれる？

 What did you say?

何て言った？

 Hochikisu. That's kind of a paper **fastener.**

ファスナァ

ホッチキス。紙をとじるものだよ。

 That's Japanese-English! **We call it a "stapler."** キーフレーズ

ステイプラァ

それは和製英語だよ！ 英語では「stapler」と言うよ。

 Oh, I didn't know that!

えー、知らなかった！

そのままじゃ通じない!? 和製英語いろいろ

laptop
ラップタップ

ノートパソコン

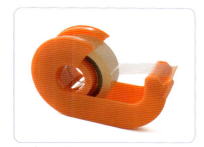

Scotch tape
スカッチ

セロハンテープ

mechanical pencil
メ キャ ニ カ ル

シャーペン

French fries
フ レ ン チ フ ラ イ ズ

フライドポテト

plastic bag
プ ラ スティク

ビニール 袋

plastic bottle

ペットボトル

air conditioner
コ ン ディ ショ ナ ァ

クーラー

outlet
ア ウトゥレト

コンセント

hair dryer
ドゥ ラ イ ア

ドライヤー

夢は結婚!?

将来の夢

 What do you want to be?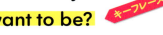

みんなは何になりたいかな？

 I want to be an interpreter.
インタープリタァ

私は通訳になりたい。

 I want to be a teacher!

私は先生！

 I want to be the owner of a restaurant.
オウナァ

ぼくはレストランを持ちたいなあ。

 How about you, Ryu?

リュウは？

 I want to get married to the art teacher!
マリド

美術の先生と結婚したい！

programmer
プログラマー

baseball player
野球選手

doctor
医師

pilot
パイロット

illustrator
イラストレーター

singer
歌手

**nursery school
teacher**
保育士

**newspaper
reporter**
新聞記者

tour conductor
添乗員

目がハート形!

形

 I'm so tired!

  疲(つか)れた〜! **キーフレーズ**

 Which club did you go to today?

今日はどのクラブに行ったの?

 The track and field club. I ran 10 kilometers.

陸上部。10キロ走ったよ。

Amazing!

すごい!

There's a really cool senior, so I tried hard!

カッコいい先輩(せんぱい)がいるから、がんばったんだ!

 Sakura's eyes have become heart-shaped!

 サクラの目がハート形だ!

いろいろな形

サークル
circle
円

トゥライアングル
triangle
三角形

スクウェア
square
正方形

レクタングル
rectangle
長方形

ペンタガーン
pentagon
五角形

ヘキサガーン
hexagon
六角形

オウヴァル
oval
だ円

teardrop
しずく形

クレスント
crescent
三日月形

スマホを持ってはいるけれど…

携帯電話をかける

 I hope Mary is OK.

メアリー、元気にしとるかのう。

She's fine. **Why don't you call her?** キーフレーズ

元気だよ。電話してみれば?

 Well, I'll call her some day.

そうじゃな、そのうちな。

Just call her now and she'll be happy.

今、かければ。きっと、喜ぶよ。

 Well, I'll call her later.

うむ、まあ、後でな。

Why not now? Ah, maybe you don't know how to use your cell phone.
セル

どうして? もしかして、スマホの使い方、
知らなかったりして。

What's your cell phone number?
あなたの携帯番号を教えてください。

I'll text you later.
テクスト
後でメッセージを送るね。

I'll email you using my cell phone.
イーメイル
携帯からメールするね。

I'm still using my flip phone.
フリプ
まだガラケーを使っています。

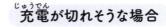

充電が切れそうな場合

My cell phone battery is running out!
バテリィ
充電が切れそう！

Can I charge my cell phone here?
ここで充電してもいいですか？

親愛なる家族へ

メールを書く

From: Lily（リリィより）
To: My family in the US（アメリカの家族へ）
Subject: My life in Japan（日本での生活）

My dear family,

Today I'm writing to you about my life in Japan. I visited my friend Sakura's house last month. **I had a good time with my friends there.** I posted some pictures on SNS. Please take a look at them.

ポウスティド
キーフレーズ

Hope to hear from you soon. See you at Christmas!

Love,
Lily xxx

親愛なる家族へ

今日は日本での生活について書きます。先月、日本の友だちのサクラの家に遊びに行きました。友だちととっても楽しい時間を過ごしました。SNSに写真をアップしたので見てください。

お返事待っています。クリスマスに会いましょう!

じゃあね。
リリィより

I hope you're doing well.
お元気でお過ごしのことと思います。

Thank you for your reply.
<ruby>リプライ</ruby>
お返事をありがとう。

I'm sorry for the late reply.
お返事が遅くなりました。

Hope everything is OK.
うまくいくといいですね

Looking forward to hearing from you.
お返事を待っています。

Take care.
体に気をつけてね。

さくいん

●編著：大門久美子（だいもん・くみこ）
岡山県出身。千葉県在住。岡山大学大学院教育学研究科修了。（株）ベネッセコーポレーションで子ども向けの教材制作に携わり、その後独立。編集プロダクションを経営する傍ら、著作活動も精力的に行い、教育・実用・趣味の分野で、イラストやマンガ展開の執筆を得意とする。主な著書に、『1000人が選んだ一番よく使う旅の英語72フレーズ』（三修社）、『ようこそ日本へ！写真英語ずかん（全3巻）』（汐文社）、『ピクサーのなかまと学ぶはじめての科学（宇宙のふしぎ／地球のふしぎ／生きもののふしぎ）』（KADOKAWA）など多数。
会社HP http://www.ady.co.jp/
●イラスト：これきよ
子供と女性向けのかわいいイラストを色々な媒体に描いています。キラキラと魔女っ子が好き。
「ノート・日記・手帳が楽しくなる　ゆるスケッチ（インプレス）」など著書多数。
http://corekiyo.net
●デザイン：小沼宏之
●英文校閲：Margaret Sumida
●編集協力：川浪美帆
●写真：Pixta

Welcome to Japan!
中学英語で話そう　日本の文化
1　はじめまして！日本へようこそ

2018年3月　初版第1刷発行
2019年9月　初版第2刷発行

編著——大門久美子
発行者——小安宏幸
発行所——株式会社汐文社
〒102-0071 東京都千代田区富士見1-6-1
富士見ビル1F
TEL03-6862-5200 FAX03-6862-5202
http://www.choubunsha.com/
印刷製本—株式会社シナノ

ISBN978-4-8113-2413-5